師父的僧袍

一行禪師的正念修習感悟

My Master's Robe

Memories of a Novice Monk

一行禪師 著　劉珍 譯

by Thich Nhat Hanh

目錄

放牛／007
陽師兄／021
壁虎／033
四姨／045
公案／059
一滴慈悲甘露／083
回歸／101
新年的鐘聲／115
師父的僧袍／131
人性／141

放牛

寺院養了四頭牛，牛棚蓋在鳳梨園。心滿師弟通常會在炎熱的午後邀請我去鳳梨園，我們坐在樹蔭下削鳳梨吃，看沉思生命的母牛，和在棚裡走來走去的小牛。其實在寺院養牛不是為了牛奶，也不是為了牛肉，人們都知道寺院裡人人吃素，除了那隻虎斑貓。這貓咪不是我們養的，我們不知道牠從哪裡來，也不知道牠何時來，但牠選擇留下，不曾離開。我們養牛是為了糞肥，如此而已，陽春山的土壤滿是石頭和小石子，沒有肥料，什麼也長不好，所以我們把牛的糞便拿來做堆肥，種植各種薯類。

通常來說，剛來寺院的人都要經歷一段放牛期，至少持續六個月，即使是瘦弱的人也必須遵守這個紀律。每天早課後，人人要去打掃或種植作

物，這時負責放牛的人會打開牛棚，把牛趕到山上一處長滿草的地方。來寺院三個月後，我就可以負責放牛。這種說法並不誇張，因為相對來說，放牛的工作還算簡單，也能提供大量的學習時間。

每天早上，我扛著一根竿，兩頭各挑了個大籃子，手裡拿著割草用的鐮刀，並把牛趕到山裡去。我在其中一個籃子放了律儀書《毗尼日用切要》*。來到長滿草的地方後，我便讓牛自由地吃草，把籃子裡的《毗尼日用切要》拿出來放在松樹下，並且用石頭壓著，以免被風吹走。接下來，我會用鐮刀割下灌木叢和樹木的幼嫩枝葉，壓緊後裝進籃子。

這些枝葉是用來代替稻草的，因為山上找不到稻草，我們將這些枝葉鋪

＊明末清初的讀體禪師編撰的律儀典籍，收錄日常應遵守之戒律綱要。

在牛棚的地上，一天兩次。當枝葉與牛糞混在一起，便可以成為園子裡優良的堆肥。每隔約十天，我們會把糞肥送到堆肥室。取牛糞的那一天，四、五個行者會過來工作，他們通常只穿著短褲，因為穿太多會弄髒衣服，完成工作後，我們再一起去井邊清洗。

兩個籃子都裝滿枝葉後，我會在樹蔭下休息。為了把籃子裝滿，我通常得去好幾個地方割草，所以差不多十點半才能完工。之後我會坐下來休息，拿出書來看。

《毗尼日用切要》是用中文寫成。我必須把內容牢記在心，《沙彌律儀》和《溈山警策》也是如此。如果想受沙彌戒，至少要能背誦早晚課及四

卷小律*，即以上三卷和《威儀》。背誦完這四本書並能夠回答師父的相關提問之後，我們才能受戒成為沙彌，否則不論年齡多大，不管有多能幹，都只會被當作 điệu，也就是想出家而前來受訓的行者。

下雨時，照顧牛隻和收集枝葉變得很困難。有時天氣冷得刺骨，我會穿好羊毛衫和棕櫚葉做的雨披再上山。《毗尼日用切要》必須收在雨披中，因為書頁被浸濕的話會散開。背誦這四卷小律真的很難，如果偷懶便幾乎不可能背完。有些行者學了新東西後，會忘記之前學的，我認識一位行者，他花了一年仍記不住《楞嚴咒》，《楞嚴咒》真的很難，不僅因為語言是非常難的梵文，內容的篇幅更是比《大悲咒》長了六到七倍。難怪有句諺語說：「軍人怕邊防，僧人怕《楞嚴》！」但其實我不怕《楞

＊
越南佛教的沙彌要背誦四卷小律，即：讀體禪師《毗尼日用切要》、袾宏禪師《沙彌律儀》、溈山禪師《溈山警策》，和《威儀》。

嚴咒》，因為我在兩週內就背下來了，滿師弟肅然起敬，他讀書不得其法，所以花了一個多月才背下來。

一天放牛時，忽然下起傾盆大雨，母牛突然跑走了，小牛跟在後面。我怕牠們不見，也追了上去。誰知道母牛為何跑了？她一直跑，不肯回來，小牛也四散跑開了。我這個月才開始放牛，還不了解母牛的奇怪舉動以及應對的方法。我追得很辛苦，腿也很疼，筋疲力盡。當時如果放棄，我擔心自己會失去那頭母牛，但如果我去追牠，我不知道牠會把我帶去哪裡。最後，我不得不僱用兩位農民，請他們幫忙捕捉母牛並帶牠回來。幸運的是，回到南交山時我發現小牛還在那裡遊蕩，牠們也跟著我們回來了。那天晚上，我把牠們鎖在牛棚裡，不讓牠們吃草。

放牛的那段時光，我把四卷小律背完了。最後一卷小律是《溈山警策》，我很快就記住了，因為文章的用字優美，是篇很好記的駢文。那段時間，我帶著牛下山回來後，會和心滿師弟吃午齋，然後一起背書。放牛期間我常常晚歸，所以通常和心滿師弟一起用齋。

每天香燈師供佛時，儀式中的磬聲和木魚聲會傳到山上。那時候，正在讀《毗尼日用切要》的我會放下書來，傾聽風中清脆的磬聲和溫暖低沉的木魚音，接著是三次打板聲，迴響在森林和群山之間。三次打板聲意味著午齋時間已到，大家得回到寺院。我把裝滿枝葉的籃子挑在肩上，讓牛集合後慢慢地回去。

我把細枝和葉子鋪在牛棚裡，關上圍欄，到井邊清洗後便上去齋堂。這時，其他人已用完齋，在自己的寮房休息。心滿師弟和我一樣是師父的侍者，得在其他人之後吃午齋，我們的飯菜會放在桌子上。我們坐在齋堂後排，因為前面是師父們坐的地方。午齋包括壓得緊實的飯和兩種配菜，一種是燙過的綠色葉菜，我們會沾著鹹醬汁吃，另一道配菜則是炒菜、燉菜，或湯品。飯是兩碗壓實的飯，分量相當於四小碗。多數時候我們很享受食物，不知不覺間我總是吃得很飽，部分是因為飢餓，部分是因為心滿師弟那雙明亮的眼睛，和他那些引人入勝的故事。

在一些涼爽的下午，心滿師弟會在工作禪之後上山找我。這是我一生中最愉快的時光，也許是因為這不完全符合規矩。他會帶來一些烤番薯，

番薯的皮烤得金黃，味道很香。我們坐在山上，一邊看牛，一邊吃番薯，吃完後我們覺得很渴，但山上的水不能喝，所以我們會比平時更早就把牛趕回去，再去廚房喝水。四姨會問：「行者們為什麼喝那麼多水？」

與我在寺裡做過的其他工作相比，放牛相對容易。初來時，我要在井邊打水，並扛到約三六〇公尺之外的廚房。一開始，我只把掛在扁擔兩端的桶子裝到半滿。三天後，我才開始提滿滿的一桶水。我的肩膀又紅又腫，實在疼痛不堪，我甚至覺得比起扛空桶，扛裝滿的水桶比較舒服。好幾週之後，我的肩膀才有所好轉。

另一項艱難的任務是舂米。這項工作需要四五個人通力合作，每個人要在大缽裡搗碎米粒，再用大杵把米粒磨白。對我和心滿師弟來說，這些杵太重了，而且我們必須抓好時機，有節奏地舉起杵來敲打米粒，如果沒有瞄好，稻子就會到處亂跳。除此之外，要用特定角度下杵，如果不能馬上舉起，可能會與別人手裡的杵發生碰撞。搗了五、六十下以後，我們筋疲力盡，渾身是汗，真是糟糕。

還有一些工作是每個人都必須做的，如碾米穀、為種植薯類作物的田地鬆土。我們是禪宗寺院，因此每個人都遵循「一日不作，一日不食」的原則。

我們都知道百丈禪師的故事。即使八十歲了，他依然每天和僧團一起在

菜園裡工作。看到他如此辛勤地工作，僧眾開始擔心，但他們知道就算請禪師休息他也不會聽。所以有一天，僧眾把禪師的工具藏了起來，沒有工具，他就不能去幹活了，但那天禪師沒有吃飯，第二天和第三天也沒有吃東西。

僧眾想：「也許是因為我們把師父的工具藏起來，師父生氣了。」於是他們歸還了所有工具。第二天，師父便出去工作，並用了午齋，當晚他向僧團開示「一日不作，一日不食」的原則。

僧團靠菜園和稻田為生。稻田離寺院很遠，所以我們僱人照顧，作為對他們工作的回報，寺院會與他們分享收成。我們親自照料園子，在那裡種植了不同類型的食物，包括茶葉、菠蘿蜜、番薯，和木薯。

但我們不會整天工作，還是有時間去學習佛經、練習書寫、聆聽師父教誨、誦經，和參禪。最重要的是參禪。師父教導我們，參禪是通往智慧的大門，也是僧尼的事業。

當然，我們進入寺院後不會那麼快就開始學習參禪。在幾個月甚至幾年內，我們得去放牛、收集木柴或幼嫩的枝葉、挑水、或搗米……等。每次母親從遙遠的村莊來看我時，都會將這些修行視為最初的考驗。起初，母親很擔心我的身體狀況，但看到我愈來愈健康，她便不再擔心。至於我，我知道這些不是考驗，真的這樣生活過就會明白，這些本身就

是修習。如果不照顧牛、不收集枝葉、不挑水，又不耕種，也就沒有禪修的方法了。

心滿師弟和我的看法一樣。在之後的生命中，回首行者歲月時，我們都帶著深刻的喜悅和感激。

陽師兄

放牛的工作結束後，我把牛還給了陽師兄。每一位行者都要經歷一段放牛的時光，放牛期結束後，責任又回到陽師兄身上。陽師兄在孩童時就來到寺院，儘管年近四十，但仍只是個「chú」，也就是沙彌。

在寺裡，他是個很特別的人，所有行者都跟他非常親密，他常常笑，很討人喜歡。我從他的身上得到啟發，深刻地思考如何精進修行，以及日常生活中每時每刻的行為會帶來什麼影響。他的左手不方便，所以他學會用右手做所有事情，例如他能以左手為支點，用一隻手把水桶扔到井裡，裝滿水再拉上來，他甚至也能犁地和砍柴。

不用照顧牛時，陽師兄會幫忙做其他工作。無論師父們請他做什麼工作，他都欣然同意，四姨也常常請他幫忙給廚房送水或送木柴。陽師兄很少與寺裡的其他人閒聚談話，他睡在鐘樓上，每天早上負責叩鐘，唱誦叩鐘偈時，他的聲音深沉溫暖，也許比寺裡其他人的聲音更顯熱誠。

洪鐘初叩
寶偈高吟
上徹天堂
下通地府

清晨，他唱誦的叩鐘偈讓整座寺院變得溫暖。我隨著第一聲鐘響起床，去寮房附近的小廚房生火燒水，給師父沏茶。天氣很冷，只有在火燒得很熱時我才不會發抖，我在火上暖手，鐘聲時而悠長、時而緊湊，夾雜著陽師兄的聲音。

聞鐘聲
煩惱輕
智慧長
菩提增

噹……晨鐘多麼持久有力，就像陽師兄唱誦的叩鐘偈。聽到晨鐘聲，所有人立刻起床準備坐禪和誦經。當然，有時我們會因為沒有聽到鐘聲而

睡過頭。陽師兄常說：「如果因為沒有聽到鐘聲而睡過頭，這可以接受。但如果聽到鐘聲還繼續睡，就是冒犯。」他告訴我們，如果冒犯了，我們下輩子會變成蛇，躺在地上，立不起身。

聞鐘臥不起
護法善神瞋
現前減福慧
後世墮蛇身

聽到這一節，人人不禁背脊發涼，不敢再繼續睡了！

早上四點，寺裡的每個人都會起床。陽師兄叩鐘時，我或心滿師弟會去泡茶，覺師兄在禪堂做香燈，師父們在坐禪。鐘聲即將停止時，師父們從寮房出來喝茶，準備做早課，不去做早課的人會溫習。陽師兄從未錯過早課，他覺得自己應行「修福」，而不是「修慧」之路，因此他不再學習，努力去成就功德、叩鐘，和誦經。「止鐘」後，他會從側門進入佛堂，與大眾一起誦經。我們合掌站在佛堂前，我能清楚地聽到他一心一意的念誦。有時，他無法跟上木魚聲，但他願意留心傾聽，配合大家的唱誦聲，將自己誦經的聲音融入其中。

後來，我去了慈孝佛學院，每個月回來兩次。你也許以為我學得比陽師兄好，進步的速度比他快，但我仍將他視作兄長，十分尊敬他。我常私下對心滿師弟說：「我們因為有緣，才可以學到更多，但我們的耐心肯定不如陽師兄。誰知道呢？也許有一天，在另一生相遇時，我們不得不同意，雖然我們走得更快，但到達目的地的時間更晚。」

有一天，我看到陽師兄在關牛棚，於是說：「師兄，成佛時記得帶我到解脫彼岸。」這句話很誠懇，但他以為我在開玩笑，他笑了，似乎很喜歡這個笑話，但這讓我生氣：「陽師兄，我是認真的！」他還是不相信我，我只能接受。

我想起從前六祖慧能的修行故事。他沒有受過任何教育，但他根性大利，在寺院裡挑水、砍柴，和搗米時，他的智慧與理解自然地發展。當時，五祖弘忍將衣缽傳給他，印證了六祖慧能的開悟。我有一種感覺，今後幾世，不論身在何處，只要回到寺院，我仍會看到陽師兄不變的微笑和堅定的信念。他就像一棵長生不老的大樹，身上有著強大的能量，令我敬佩。

我們從未和他談過「非常深奧」的教理。我覺得他不必聽，也不必知道，儘管他常對我們說：「師弟們，我為你們歡喜，因為你們有機會去學習高深的佛法。我仍然只是這個樣子。」他不知道，我們從不因為「高深」的研習而自豪，我們只是想，在艱難的修行之路上，我們能否像他一樣堅穩？光是看著他，我們就知道他的生命將永遠像那一刻一般安穩。

陽師兄小心翼翼地做好自己的每一項工作。暮鐘需要叩一〇八聲，他對此非常謹慎，在鐘座下掛一根鋼絲，上面有一〇八枝籤，每叩一次鐘，他就把一枝籤滑到右方，直到叩完一〇八次，他才會唱誦止鐘偈。

晨鐘的鐘聲比暮鐘來得緊湊。陽師兄說：「晨鐘聲必須緊跟彼此，以便在日出之前讓所有鬼神回到陰界。」對我來說，緊湊的晨鐘聲能使我們清醒，趕走懶惰。

有些早晨，我和陽師兄一起去山上拾柴。他會用一根長鉤，從很高的樹上拖下乾枯樹枝。有時候，樹枝折斷掉落時，我們不得不跑開，以免被砸到。我把所有樹枝收集在一起，兩人各揹著一大綑樹枝回到寺裡。

寫下這些時，陽師兄仍住在寺裡，像常青樹一般健康，但他比以前老了許多。他這一代的人不關心時事，不必看或聽那些我和心滿師弟必須注意的事情。我們不得不思考一些複雜的問題，例如：如何讓佛教維持活力？佛法是否要像李朝和陳朝那時一樣，與日常生活相互結合？我們還必須考慮學習、修行、考試、佛法，以及重整佛教會。我們關心很多事情，卻不知自己是否可以做到。我們已被社會和時代侵入，對時代的質疑變成了對個體的質疑。我想，這就是我為何如此珍惜陽師兄平和、安靜，又無憂的生活方式。他們那一代的人認為解決個人問題是世界上最重要的事情，人們也確實有權這麼做。

當我寫下這幾行文字，我的心靈不如陽師兄那般安詳，這是他比我厲害的地方，也是我為他許下的願望。也許他讀到這篇文章時會微笑，認為我言過其實，但事實上，我們這一代不如他那一代幸運，因為我們不可能關上已經打開的門，那道門讓我們看到生命，也看到生命中的各種問題，年輕的悉達多因此倍感不安，渴望找到幫助眾生解脫的道路。

壁虎

每天正午前，身穿灰袍的心滿師弟會鄭重地將一碗米飯送到佛堂，放在佛壇中央，然後提醒我說：「師兄，是時候供佛了。」說完，他會微笑地看著我，然後去齋堂為大家準備午齋。我回以微笑，放下毛筆，將經書整齊地放好後準備供佛。我負責中午時給佛供養米飯，心滿師弟則在齋堂幫忙，不僅要端菜，等米飯做好後，他要打板三聲，示意大家該用午齋了。

今天，心滿師弟端來米飯時，他的表情陷入沉思，臉上也沒有平日的笑容。我從他的手裡接過碗，表達感謝後看著他走下樓。因為昨天發生的事情，我們都悶悶不樂。

兩週前，供完佛之後我熄滅了蠟燭，那時我看到一隻小壁虎從碗裡爬出來，嘴裡銜著幾粒米。牠惶恐地看著我，眼睛像水晶一樣明亮。我沒有趕牠走，但牠立刻消失了。我以為這只是偶發事件，但第二天熄滅蠟燭時，我又看到那隻壁虎從飯碗裡爬出來，小嘴巴同樣銜著雪白的米粒，一雙眼睛依舊像水晶一樣明亮，驚恐地看著我。

之後的一天，我特別留意。我把米飯放在了佛壇上，但沒有立刻打開碗蓋，點燃蠟燭和香後，我像往常一樣禮佛，然後請三聲鐘，再打開碗蓋，這時我沒有看到小壁虎。上香後，我開始「引磬」和敲木魚，念誦《大悲咒》，這時我注意到香爐後面有一雙水晶般明亮的小眼睛若隱若現。我靜下心，繼續念《大悲咒》，彷佛什麼也沒看見。小壁虎慢慢地爬向供碗，牠的小腦袋在碗沿上搖晃了一下，瞬間爬進碗裡。

那天誦念供養偈時我心不在焉，嘴巴在念，心裡卻想著壁虎。我知道分心是對三寶的不尊敬，但我忍不住想到牠正在破壞供佛的米飯。一想到淘氣的壁虎這般干擾，我實在很生氣。有時，我想站起來把牠趕走，但好像有種力量讓我繼續跪著完成了供佛，並迴向功德。

第二天，我決定不打開碗蓋。點上蠟燭和香後，我跪下來請磬和敲木魚，像往常一樣念著供養偈。這時，壁虎又從香爐後面出現，朝飯碗爬去。水晶般明亮的小眼睛困惑地看著碗蓋。牠看看四周，然後爬回香爐後面。

起初我覺得很得意，因為我成功報復壁虎。但我心裡漸漸感到一陣刺痛，充滿愧疚，消極、狹隘和低落的情緒讓心情慢慢變得渾濁。端著那碗米飯離開時，我非常心痛，不敢看佛祖。

那天中午，我藉口說自己太累了，沒有去吃午齋。

下午一點左右，心滿師弟來看我，他說：「你真的這麼累嗎？我做粥給你吃。」

我請心滿師弟坐到床邊，並問他：「心滿師弟，我們每天都在供佛，但佛真會接受我們的供養嗎？」

「我敢肯定會。如果佛不接受，我們為什麼每天都供佛呢？」他回答道。

「那為什麼供佛後，米飯沒有被動過呢？」我問。

「所以是『接受』，不是『吃』。」

「嗯，是的。但是心滿師弟……」

「告訴我你在想什麼，我在聽。」心滿師弟打斷。

「我不認為佛陀『吃』了，」我說，「但我也不認為祂『接受』了。」

「我也這麼認為。」心滿師弟說。「有一天，我拿著碗去盛飯，突然意識到，我們不是用米飯來供奉佛陀，而是用虔敬之心。」

我拉著心滿師弟的手。「你說得太對了！每天供佛，就好像佛陀還活著一樣。我們發自內心地供養，所以佛經上寫著：『供佛的功德無量。』」

心滿師弟說：「那我問你一個問題，佛經上為什麼說『供養眾生即是供養諸佛』？我不是想挑戰你。」他補充道：「只是不明白佛經的這一句才問你。」

我沉默，不敢回答。師弟的問題使我茫然，明明是這麼簡單的問題，我卻無法輕易回答。佛陀的本願是救助眾生離苦得樂，幫助眾生離苦，就是令諸佛歡喜。那為什麼我要蓋住飯碗，不讓壁虎吃幾粒米飯呢？

心滿師弟看著我，等我回答他的問題。我笑了笑，「嗯，意思是說我應該打開碗蓋，讓壁虎爬進去享用米粒，對嗎？」

心滿師弟不解，不明白我在說什麼。我笑了，告訴他壁虎的故事，同時向他表達感謝，因為他提供了一個很好的解決方案——與壁虎分享供佛的米飯。心滿師弟的表情變得明亮。

他說：「如果你打算這麼做，不如每次供佛時在碗邊留下一些米粒，這樣小壁虎就能享用為牠準備的米粒，又不會弄亂供佛的米飯。」這是個很好的建議。想到這個辦法，我們興奮地手拉手，卻不敢笑出聲來，因為師父們和大家都在休息。

昨天午齋後，我拉著心滿師弟的手，告訴他一個壞消息——我們的壁虎死了。

「點香時，我聽到石地板上『嚓』的一聲。我去看的時候發現我們的壁虎死了。」我告訴他。

「你怎麼能肯定那就是我們的壁虎？」心滿師弟問。

「為什麼不是牠？到昨天為止，牠每天都來取米，已經連續十天了，但今天碗邊的米粒仍在。」我回答說。

心滿師弟安慰道：「親愛的師兄，我敢肯定，一旦壁虎學會吃米飯，就不會再吃螞蟻或昆蟲。得到佛陀的一些米飯後，牠沒有再造惡業，所以牠會往生。我們為牠祈禱。」

我想，萬物的生命既微小又易破，就像浩瀚海洋上的小氣泡，下沉並消逝在萬千世代的遺忘中。我陷入了形而上的思考之中，遲了一會兒才回答心滿師弟：「是的，我們為牠祈禱。」

四姨

沒人知道四姨是什麼時候來到寺院的。聽說她很久以前就來了，甚至比大和尚還要早。她已經六十多歲了，只剩下幾顆牙齒，但身體很好。她和邦姨住在廚房附近的小屋，兩位阿姨一起負責為僧團做飯。邦姨的性格比較難相處，所以我們和她不太親近，不過四姨總是面帶微笑。四姨很喜愛我們，如果我和滿師弟有什麼好故事，總會和她分享，她也總是會報以微笑，溫柔又平易隨和，她笑的時候眼睛會瞇起來，彷彿快閉上了。她不會讀寫越南語，滿師弟好言相勸，想要說服她學，但她決定不學。

「現在學外語有什麼好處？我已經老了，你們才需要努力學習，為佛法做事。」

心滿師弟笑道：「姨，沒人要你學外語，我們只是鼓勵你學習我們的母語。」但阿姨不理會，她無法相信硬筆字是我們的語言。對四姨來說，我們的語言是安南語，也就是用漢字寫成的古越語，以毛筆書寫。

阿姨知道一些安南語，可以跟著我們讀《十方》或《一心歸命》等。她非常上進，不會錯過任何一次淨土經文的念誦。當誦經時間臨近，她會放下廚房的工作，洗手洗臉，穿上一件大號灰袍，掛一串黑色念珠，穿著木屐從廚房走到鐘樓，再從那裡赤腳走進佛堂並擠在角落，等大家來到佛堂。

阿姨真的很喜歡學習。她已經把《彌陀讚》、《稽首鴻恩》和《歸命》

背熟了，她還想背《楞嚴咒》，但我和滿師弟不確定她能否做到，因為《楞嚴咒》比《大悲咒》長了五到六倍。她漸漸老了，變得健忘，怎麼可能背下來呢！然而，她渴望學習《楞嚴咒》，見她如此真誠，我們不得不讓步。於是，滿師弟用一摞金銀紙給她做了筆記本，我用兩塊塗成棕色的硬紙板做封面。我在筆記本上寫了幾句經文，從第一句「妙湛總持不動尊」開始寫，每個字都和火柴盒一樣大。

我告訴阿姨：「從今天開始，滿師弟每天會教你一句經文。如果你努力的話，也許五個月後就能背下整部經文。」

她笑得瞇起了眼睛，露出僅剩的幾顆牙齒，十分可愛。阿姨說：「如果

不能在五個月內學成，我會在七個月內完成；如果不能在七個月內完成，我會在一年內完成。別擔心我學不來。」

說完，她便開始學《楞嚴咒》。心滿師弟給她上了三四天的課，第五天師弟準備教新的一句時，我考她已經教過的部分，出乎意料的小測驗讓阿姨措手不及，想不起來自己學過的句子。

我說：「這不行。如果這樣，你沒辦法把《楞嚴咒》背完。每次學習新功課就會忘記舊的；如果複習舊功課，又會忘記新的。」

「那麼有什麼方法可以幫助我維持記憶呢？沙彌，請告訴我。」

「我們這麼做吧，一次學幾句，每天考你一次。如果通過了測試，就可以繼續學新的句子；如果沒有通過，就得複習以前的功課，每三天進行一次全面檢查。你同意嗎？」我建議道。

「我同意。」四姨說。

「那麼今天我們從頭開始。還有，」我補充道：「如果沒通過測驗，會有懲罰。」

「懲罰？」四姨問，但她立刻同意了，說：「好吧，懲罰也好。如果有懲罰，我會更努力地學習。你們倆要怎麼懲罰我呢？我無法跪香，膝蓋太不好了。」

我笑了。「不會要你跪香，我們會想出別的辦法。」

阿姨也笑了，說：「那麼沙彌，請你們想想吧。」

我試著回憶以前在學校被處罰的不同方式，例如留堂、抄寫課文，或掃地。心滿師弟突然大笑。

「噓，安靜點，心滿師弟。」我訓斥道。「別笑得那麼大聲，如果師父聽到我們就有麻煩了。行為舉止要莊嚴，不能這樣大笑。」

心滿師弟試著克制自己，他告訴我他大笑的原因。

「我剛想到一種完美的懲罰方式。」他解釋道。

「是什麼？說來聽聽。」我問。

「只要四姨沒有通過測驗，中午就得給我們倆吃四塊炸豆腐。」他回答。

我們寺院很窮，所以每天的餐食都很簡單。兩塊豆腐已足夠珍貴，特別為我們保留四塊實在稀罕！是的，吃飯時配上炸豆腐實在美妙，而且四姨負責買菜和做飯，因此能夠為我們提供珍饈美饌。

我同意了，我們立刻告訴四姨。聽完我們的提議後，她笑得前仰後合。

「就這麼辦，這就是懲罰。」我高興地宣布。

我們對這個懲罰很滿意，四姨也同意了，所以我們有時能在午齋時享用到美味豆腐。有時候，心滿師弟吃著豆腐，忍不住咯咯笑。我也想笑，但因為我比他年長，裝得更嚴肅一些。「心滿師弟，你沒有觀想『五

觀』，所以一直笑！」

後來某段時間，阿姨總能正確地背誦功課，因為沒有進行懲罰，午齋時便沒有豆腐可以吃。一次午齋時，我向心滿師弟抱怨：「師弟，我們好久沒吃到豆腐了。」他湊近，耳語了幾句，我微笑點頭同意。

那天晚上，師弟沒像往常一樣教兩句經文，而是四句。因為要記住的東西太多了，我相信她明天會被懲罰。第二天中午，我去廚房借刀，準備切一卷紙來裝訂，我看見四姨手裡拿著經文，倚著牆睡著了。我進來時把她吵醒了，她急忙坐了起來。

「為什麼不睡午覺呢？去休息吧，晚點再工作，今天下午我們都要出去找木柴，對吧，姨？」我問。

四姨輕聲回答：「我必須複習，才能背好這幾句經文。如果不這麼做，心滿兄弟會懲罰我，那就太糟糕了！」

「沒那麼嚴重，不過是要做點炸豆腐。」我笑著說。

她示意我走近一些，放低聲音說話。

「炸豆腐不是問題，」她低聲說。「只是因為今年稻田沒有收成，最近

寺裡的會計調整了膳食預算。膳食費連給僧團買菜都不夠，哪有錢買豆腐？」

「所以你努力地學習，想要避免受罰，是嗎？」我問。

她無奈地點了點頭，接著又笑了。聽她說話，看著她笑，我感到有些自責。可憐的四姨，我太愛她了。

我向她保證：「從現在起，心滿師弟和我不會再以豆腐做為懲罰，我們會想另一種方式。從現在起，你不用給我們炸豆腐了。姨，把佛經收起來，去休息吧，你累了。」

她高興地同意了。

我徑直走到心滿師弟的房間，悄悄把剛才的事情告訴他，然後輕輕地把手指放在他的額頭上，說：「都是因為你！」

他的眼神略帶責備，回答說：「又沒有人逼你同意我？」

公案

心滿師弟常常要我解釋《無門關》*的故事。雖然我早他幾年來到佛學院，但還是很難解釋那些故事，我認為它們對故事以外的人沒有意義，因為每個人的境遇不同。我要心滿師弟想想「無門關」這三個難以理解的字，「無門關」直譯為「無門之門」，這個詞毫無意義。

「但沒有理由啊，何必說毫無意義的故事？」滿師弟似乎有點生氣。

「我認為這本書的故事沒有意義，『意義』是指『對某人的意義』，『沒有意義』也是『對某人沒有意義』。對於身在不同處境的人來說，這些故事沒有意義，但對於身處其中的人來說，故事的意義深刻。」

*
禪宗經典著作。全稱為《禪宗無門關》，由宋代無門慧開禪師撰寫，參學弟子宗紹編輯。

心滿師弟對我的解釋不怎麼滿意，他朝我諷刺地笑了笑，表示他覺得我在辯駁。這讓我很生氣，所以那天午齋時我不和他說話。

第二天我要採菠蘿蜜來做湯，我邀請心滿師弟一同前往，想要藉機跟他和解。我請他爬上園裡的一棵菠蘿蜜樹，摘了一個新鮮的小菠蘿蜜。帶著刀子、籃子，和菠蘿蜜，我們來到寺院前的半月池。我們坐在池邊，四條腿在水裡晃來晃去。我把刀子沾濕，準備削果皮，同時開始和師弟對話：

「剛進寺院時，我們不能馬上學習教理，要做一段長時間的繁重體力活，你知道這是為什麼嗎？」

師弟想了一會兒，說：「因為師父想讓我們通過一段時間的測試，檢驗我們夠不夠堅忍。如果我們變得意志消沉，就意味著我們無法進行禪宗的修行。」

我把尚未去皮的半個菠蘿蜜放在水裡浸濕，這樣汁液就不會沾到刀子上，然後我說：「有可能，不過我認為還有另一個原因。」

「是因為我們遵循禪宗的『一日不作，一日不食』原則嗎？一進寺院，我們就要學會這個原則，如果不工作，我們就不吃東西。」

我大笑，「這個解釋甚至比上一個還糟。在我看來，初期的工作階段有

其必要，這樣禪師才能了解我們的修行程度和根性。深刻了解弟子的根性後，禪師才知道應該給弟子什麼樣的修行指引，弟子也才能領受禪師針對他給出的教導。因此昨天我才說禪師的話只對與他對話的人有意義。」

心滿師弟的眼睛亮了起來。「現在我明白了。《無門關》中，有個故事講的是一位到寺院向禪師求教的弟子。禪師問：『吃過早餐嗎？』弟子答：『師父，我吃過了。』禪師說：『那去洗碗吧。』在我看來，禪師的話有兩層含意：一是弟子要邁出第一步，但不能急於求成，這樣師父才有時間去了解他；二是弟子必須視洗碗為參禪的首要工作。」

「我同意，師弟。我們之所以可以理解這個故事，是因為你我都曾處在該弟子的狀況之中，因為自己的經驗，所以我們會覺得『去洗碗吧』是合適的修行方法。」

我清楚地記得，剛進寺院時我深感迷失，因為這個地方和一般世界是如此地不同。寺院的氣氛沉寂又充滿活力，莊嚴又溫和。剛進入寺院的人會感到陌生，因為人人顯得從容、端正、溫和、喜悅而莊重，他會因此覺得自己看起來生疏又拙笨。香燈師開門、走出寮房，和關上門的動作都很輕柔，從容不迫，好像怕自己會為寺院帶來不必要的嘈雜。行者如果關門很重，會立刻被責罵。我們應該學習師父們的威儀，行、住、坐、臥時都要檢視自己的身、語、意。

根據小律《威儀》，無論做什麼事，我們都要心存善念，這樣行為才會是正行。如果整天如此，我們就會一直安住於正念之中。例如早上醒來，應生起這樣的善念：「睡眠始寤，當願眾生，一切智覺，周顧十方。」聽到晨鐘時，再生起另一個善念。起床用腳尋找拖鞋時，做以下觀想：「從朝寅旦直至暮，一切眾生自迴護；若於足下喪其形，願汝即時生淨土。」念這些偈頌時，我內心非常感動，因為我看到身上的正念和慈愛得到了滋養。

換句話說，穿上僧袍、扣扣子、穿衣綁繩、洗手、洗腳、洗碗、掃地，和如廁，無論我們在做什麼，都要帶著正念。洗手時，我們想：「以水盥掌，當願眾生，得清淨手，受持佛法。」看到流水時，我們產生這樣的願望：「願每個人都能入正法之流，流向佛果。」如廁時的觀想是：「大小便時，當願眾生，棄貪瞋痴，蠲除罪法。」

四姨很喜歡「恒掃伽藍地，時常福慧生」。打掃寺院的落葉時，她常念這兩句，意思是勤於打掃寺院會福慧雙增。

總而言之，《威儀》教導沙彌收攝心念，他們的想法就不會像枝頭上跳來跳去的猴子，也不會像脫韁的野馬。一旦能實踐書中的偈頌，他們就能沿續相同的思路來撰寫新的偈子。我和心滿師弟經常討論這個問題，我建議他多寫一本偈頌書。例如合上書時，我們可以想：「合上書時，我願修正修行中的錯漏與偏差。」上飛機肯定也需要偈子，過去沒有沙彌坐飛機，所以沒有這種偈頌。我告訴心滿師弟，如果某一天能坐飛機到芽莊，我會說：「上飛機時，當願眾生，得大神力，速往覺岸。」我倆大笑起來。

心滿師弟幫我把菠蘿蜜果肉洗乾淨，再把果皮收集起來，扔到了胡椒樹下。

「剛進寺院時，」我繼續說，「作為弟子，我們的責任是懂得去看、去聽。看師父們行、住、坐、臥、勞作，和坐禪的方式。他們受過訓練，身、語、意都散發著點點威儀和安詳，容易受人愛戴。學過威儀後，我們知道沙彌必須這樣訓練身心，才能發展修行的功夫。剛入門的人必須懂得如何聽禪宗的傳統語言，這種語言很特別，不只是聲音，還有身體動作。它可以變成驚人之語，動搖一生的根基，摧毀一個人的世界觀，甚至剎落某種存在形式。師弟，你記得趙州禪師和狗的故事嗎？」

「不記得了。」

「一個弟子問禪師：『師父，狗有佛性嗎？』

「師父答：『有。』第二天，另一個弟子又問了同樣的問題：『師父，狗有佛性嗎？』師父答：『無。』」

心滿師弟回答說：「因為兩人的根機不同，禪師的教導就有所不同。真理不在『有』、『無』二字，而是禪師對待弟子和開示的方式，對嗎，

師兄？」

「完全正確。這裡的『有』、『無』不是真理，而是指向真理的方式。佛教中，這稱做『假施設』，這些公案對在故事中的人才有意義。對我來說，第一種情況下，弟子提問時帶著希望理解又不執著的真誠渴望，所以禪師回答『有』。第二種情況，提問者只是牢牢地執著於理論並將其教條化，因此答案是『無』。這個『無』很可能動搖了問問題的人，他不知該抓向何處，因為長久以來他崇拜著『有』，就像崇拜一顆指引道路的星星。不過我們也只是從外觀察，無法如趙州禪師的兩位弟子一樣理解『有』、『無』二字的深意。」

「在禪宗的書籍中，我常看到對理論和爭辯的責難。對正在修禪的人來說，工作、觀察、傾聽應該是最重要的，不是討論形而上的問題。」心滿師弟補充道。

我點頭表示同意。「這就是為什麼勞作時要應用《毗尼日用切要》和《威儀》。修禪觀之前，我們需在穩定的紀律中讓身心合一。想想看，師弟，為了進一步參禪，禪學者要訓練自己的定力，就像科學家為了做實驗而遵循實驗室的紀律。舉例來說，在山上搬木柴時，你的修習是將注意力集中於搬木柴上，不讓心思分散到別的事物上，如洗衣、搗米等。另一種方法是看著三、四公尺遠的一杯水，然後將注意力放在那杯水上十到三十分鐘。透過這樣修習，定力會一天比一天強；當定力增強，參禪就變得容易。你不僅培養了定力，還發展了深觀的能力。一旦你懂得如何攝心入定，看到幾何圖形時便能很快找到答案。」

回到寺裡，我把菠蘿蜜拿到廚房交給四姨，她把菠蘿蜜切成細條，煮成了湯。我和心滿師弟又去山上採集美味菠蘿蜜湯必備的香草。Sân是山上一種多刺的香草，葉子呈粉紅色，菠蘿蜜煮熟後，把切碎的sân葉子放入鍋中，會給料理增加一種很好的香味。菠蘿蜜湯是我最拿手的素菜，所以我也教了心滿師弟如何烹煮。

我們的談話繼續，我說：「弟子開始熟練且有了一定的定力後，師父就會用適合弟子獨特根性的方式來教他，禪師也會給弟子一個公案去參悟，例如：『萬法歸一，一歸何處？』一旦弟子接受了公案，就得日夜參之，直至達成悟境。公案不是理論的學習方法，它是一支深深射入弟子肩膀的箭，讓他日夜煎熬。參禪者每時每刻都將公案視作禪觀的對象，用整個心識和潛意識來深觀。」

心滿師弟問：「這是否意味著參禪者在行、住、坐、臥，與吃喝時的每個動作都要參公案？」

「正是。但是師弟，千萬不要以為理解的過程運用了推理思維。相反，參禪者把注意力集中在每件事情、每個動作上，讓混亂的心安靜下來。你學過唯識學，知道判斷與推理是藉由創造概念將不同事物做出分隔，然後這些概念又反過來，使事物變得模糊，這在唯識學中稱為『遍計執』。我們必須找到一種不同的理解方式，即是禪的智慧，由定生慧。當我們專注於某一事物，心就不再散亂；因為不散亂，定力得到發展。這種定力不僅在我們的意識裡活動，也在藏識（阿賴耶識）中活動。即使在睡覺，定力和藏識也在繼續工作。藏識就像用來烹煮公案的大鍋，火是定力和禪觀的力量。公案被煮熟後，待機緣來到，實相會自然地全然顯現於我們的意識層，這就是開悟。」

心滿師弟點了點頭：「我知道，即使在我們睡覺時，藏識也在運作。昨天下午我進城買書，在街上遇到一個認識的人，他向我打招呼，但我記不起他的名字，也許是因為很久沒見到他了。離開他以後，我繼續沿街走著，努力回想他的名字，這讓我頭痛，但還是想不起來。後來，我完全忘記了這件事，但今天早上刷牙時，我突然想起了他的名字。」

「那是誰呢，師弟？」

「是平，我們離開寺院時遇到的那個人。你還記得嗎，師兄？我們買鹽時遇到他的。」

「是的，我也很久沒見到他了。師弟，你的故事讓我想起了八歲的一件趣事。我家前院的屏風後有個裝雨水的大缸，缸的高度到了我的胸口，我喜歡把手伸到缸裡玩水。有一天，我看到缸底有一些枯黃葉子，想把它們拿出來，於是將袖子捲上肩膀後，把手伸進缸裡，但我的手臂太短，碰不到底部。

「所以我找來一根棍子，把它擦乾淨後，試著用棍子刺穿葉子，但是沒用，棍子末端不夠鋒利。我很懊惱，開始用棍子攪動缸裡的水。我原本以為攪動一下葉子就會浮到水面，但轉了二三十圈後，葉子也沒有浮起來，所以我放棄，離開了。過了一會兒，我回去看，令我驚奇的是樹葉自動浮上了水面。原來，在我停止攪動之後，缸裡的水繼續旋轉，樹葉因此浮上水面。」

心滿師弟笑著說：「然後你把樹葉拿出來扔掉了。」

我和他一起笑了，說：「當然。你看，我們說的是一回事。即使不是坐禪的時間，只要我們收攝心念，心中仍然有能量，可以烹製藏識中的公案。坐禪時，我們要懂得調息和調身。日常活動中，我們要收攝心念，將注意力集中於所做的事情上。」

「師兄，那我們要花多久才能參悟一個公案？」

「這關乎修行者的根機和努力。有的人悟得快，有些人需要更長的時間。我跟你說個用時很久才開悟的故事。從前，中國有位禪師，他有許多弟子。二十年後，除一人之外，所有人都開悟了，並被派往遠方傳法。經過多年的修學，這位弟子仍未破無明之殼開悟。他感到羞愧，因此更加努力，禪師也從未對他表現出不耐煩的態度。那年冬天，山上的石窟只剩下師徒二人。

「一天早上，雪下得很大，覆蓋了離開寺的路。天很冷，禪師讓弟子去找木柴，但道路已完全被雪覆蓋。弟子在石窟裡找了找，但找不到任何木柴，禪師顯得不高興，說：『你去找木頭做的任何東西！』弟子又找了一遍，還是沒找到任何木頭，每個東西都是石頭做的，包括桌椅。他說：『師父，沒有東西是木頭做的。』禪師更生氣了，喊道：『那就去正殿看看。』弟子驚恐地走進正殿，除了石桌上的佛像，他還是看不到任何木頭做的東西。他顫抖著向禪師報告：『師父，只有佛像是木造的。』禪師喊道：『我說了，木頭做的任何東西！』弟子從未見過禪師生氣，他驚恐地把佛像拿下來，嚇得發抖。在完全驚愕的弟子面前，禪師拿起斧頭，把佛像劈成四塊扔進火裡，看著它燃燒。

「師弟，你知道發生了什麼嗎？那弟子嚇得說不出話來。突然間，他看清了自己的心，打破了無明的面紗，厚重的殼被砸得粉碎，覺悟之光得以進入。我相信弟子的心已為此做好準備，當時阻止他開悟的只是個小障礙。禪師不過是等待合適的時機，給出當頭棒喝，摧毀最後的阻力。」

師弟說：「就像一個玩偶盒，盒子裡的彈簧和木偶都準備好了，只需按下按鈕，木偶就會彈出來。」

「就是如此。禪師是位心理學家，緊緊跟著弟子，這也是為什麼弟子與師父一起工作是種連結。看到弟子的根性時，師父會給他一個公案。需要給出一記當頭棒喝時，師父也不會猶豫。通常這些都會成功，但有的時候，師父尚未透澈地了解弟子的根性，也會失敗。

「我給你講一個禪師成功的故事。這個弟子非常精進，每次師父開示時，他都在場。他也很聰明，有人向他提問時，他會模仿師父豎起一指，就像師父做重要開示時那樣。一天，他正在侍奉師父，師父問他一個問題，他也舉起手指，面容莊嚴。禪師已預備好一把刀，就放在身邊，突然師父迅速地抓著弟子的手，將懸在空中的手指切了下來。弟子在劇痛中大叫著跑開，師父在後面喊道：『弟子！』弟子忘了手指已經不見，自然地想舉起手指，但突然發現它不見了。就在那一刻，他開悟了，帶著深深的崇敬頂禮師父。」

滿師弟答道：「我覺得這太殘忍了。」

「我再和你講一個不成功的例子。有個弟子參了很久的公案，但還是沒有開悟，他因此感到很慚愧。禪師告訴他：『三個月後再來。』三個月過去，還是沒有結果。『三星期後再來。』禪師告訴他。三個星期過去了，他還是沒有開悟。禪師又說：『三天後再來。如果那時你還沒有開悟，就不如死去吧，那倒可以一乾二淨。』三天後，弟子回來了。禪師問：『公案怎麼樣了？』他立即倒在地上，看起來猶如死人，他回道：『師父，我很慚愧，還是沒能參破。』禪師大喊：『死人是不說話的。』禪師一棒把弟子打出去。」

「我很同情那位弟子。」心滿師弟說。

「儘管如此，禪師通常都會成功。只要把《高僧傳》*和《無門關》讀到最後，你就會明白。不過話說回來，現在菠蘿蜜應該已經煮好了，我們還沒把香草帶回去。如果我們繼續這樣談下去會怎樣呢，滿師弟？」

我們回到廚房，四姨正耐心地等著我們，輕聲說：「你們兄弟倆太貪玩了，菠蘿蜜湯已經煮好一段時間了，但還沒加香草。」

*
南朝梁的釋慧皎所撰。此書為現存佛教僧傳的始祖，也是探討初期中國佛教的重要史料，深刻影響中國佛教的思想。

一滴慈悲甘露

一滴楊枝甘露灑下，
熄滅一切塵世之火。
——阮攸

我從慈孝寺回來的那天，永來看我了。他給我帶來了很多從國外訂購的法語佛教書籍，還給正在學法語的心滿師弟帶了一本新版法越詞典。

永把字典遞給滿師弟，笑著說：「你的法語能力提高了很多，甚至不用字典就能讀阿爾封斯．都德*的故事了，是嗎？」然後又說：「我的中文依然很差。我太健忘了，記不住學過的東西。不知道什麼時候我才能像你們一樣把中文經文讀得那麼好。」

*
阿爾封斯．都德（Alphonse Daudet），是十九世紀法國的寫實派小說家，以短篇小說作品聞名。

我微笑著對他說：「別擔心。你這麼聰明，如果用了我教你的學習方法，很快就會超過心滿師弟。」

那時我還住在祖庭，去佛學院上課之前，永每週都會過來兩次，向我請教中文。不到三個月，他就能讀懂中文《初級佛學課本》。為了研究佛教義理，他努力學習中文，儘管大學畢業的考試時間臨近，他依然繼續學習中文。他解釋說：「有沒有通過考試不重要，但如果要學習佛法，我必須學會中文。」

我們認識永已經六個月了。他把我和心滿師弟看得比親兄弟還親。他的臉明亮而聰慧，眼睛溫柔而誠實。他性情愉快，聲音溫暖，笑聲清脆可

人，與他說話的人都會喜歡他。心滿師弟與永很親近，如果永幾天不來，心滿師弟就會問起他。

然而，永曾經一度很厭世，希望「剃度出家」。我們是在非常特殊的情況下認識他，那是六個月前的一天。我不知道他是否會介意我把他的個人故事寫出來，但我想他不會介意。

那一天，順化靈光寺舉行承天省佛教大會，寺院方丈和比丘們一早就去參加了。寺裡幾乎空空如也，只剩下我和心滿師弟，我當時在寫功課，這時心滿師弟過來，告訴我有一位客人來訪。

「有位年輕人想要見方丈，我不知道是否該留他下來。」他說。

我放下筆，答道：「師弟，讓他留下來吧，請他去客堂，我馬上到。」

我穿上僧袍去迎接他。年輕人正在看一幅觀音菩薩的畫像，看起來正在沉思。聽到我進來，他轉身站起來。我請他坐下，給他倒茶，問他是否有要緊事需要告訴我師父。他很快回答說沒有要緊事，然後靜靜地坐著，觀察客堂陳列的東西。我也靜靜地坐著，沒有再問問題。突然他問道：「法師，你出家多久了？」

「我出家快三年了。」我看著他答道。

「你來時多大？」

「十九歲。」

「那你今年二十二歲了。我剛滿二十三歲，比你稍長一點。」他的聲音突然變得柔和又親切，說：「你一定要把我當作兄弟，如果我問了太多私人問題，請你不要生氣。」

我笑了。「不會的，請問吧。」

他沉默了一會兒，然後問道：「你為什麼出家呢？」

我抬起眼睛看著他，稍微感到不舒服，但我很快就照顧好自己的感受，直接回答：「因為我喜歡佛法，還有正念生活相關的教導。我出生在佛教家庭，有機會從書籍和雜誌裡了解佛教。自然而然地，我被佛教的解脫道和生活方式吸引，尤其是它可以幫助我們理解實相。」

他聚精會神地聽著，我注意到他試圖掩飾悲傷。他深吸一口氣，怕我看到他的悲傷，然後平靜地說：「我有個朋友想出家，但不知道是否有什麼要求。」

「你朋友多大了？」我問。

「和我們差不多大。」

「你的朋友仍是學生嗎？」

「是的，他已完成一半的學士學位。法師，你知道我朋友做些什麼才能出家嗎？需要做什麼才能剃度？」

我猶豫地說：「要求……真的沒那麼多。」然後我問了個出乎意料的問題：「你朋友是不是失戀了？」這問題讓他意想不到，他很尷尬，看上去完全不知所措。

「如果是因為失戀，」我接著說，「我們不鼓勵他出家。」

「法師，為什麼？」

「因為他將無法忍受出家生活。」我回答。

「為什麼？」他問道。

「因為他缺乏堅強的意志。他現在想出家是因為失戀，很多人都會這麼做，經歷了愛情的失敗後，他們對生活感到厭倦，想要徹底逃離。如果對生活感到失望和厭倦，這意味著他缺乏堅強的意志；沒有堅強的意志，如何過上需要堅持不懈地修行、也許要忍受一些困難的生活呢？」

「我朋友不害怕艱苦的生活。」他回答。

「我說的不是身體上的困難，而是一種堅強的信念，讓人承受考驗，努力到達精神道路的目標。如果你的朋友是因為失戀才走上精神之路，那麼他遲早會放棄。」

「法師，請繼續說。」

「首先，你的朋友帶著沉重的心情和巨大的悲傷進入寺院，這本身就是不對的。其他人都帶著明晰和真誠的願望過著出家生活並受戒，但你朋友卻是帶著逃避和厭世的意圖進來。寺院不是失望、悲傷之人的避難所。」

「但佛教不是會幫助正在受苦的人嗎？」他問道。

「是的，但幫助的方法很多。如果與僧團的關切不同，那些人無法加入僧團。」

「請告訴我這些關切是什麼。」

「正如我所說的，出家是為了自覺和覺他。如果是你朋友的情況，他沒有這種關切，只是想逃避生活，但佛法正是為了生活而來。出家人的修行是訓練自己的正念和覺醒，先讓自己從痛苦中解脫，然後幫助別人解脫。」

永說：「誰知道呢？我朋友以後也可能有這種願望。」

「這是我們無法預知的。但如果他現在過上出家生活，他會比在世間時更加痛苦。若在這種寧靜的環境中生活，我們感到自在、安詳，和快樂，但你朋友卻會因為這種平靜而痛苦。生活的地方愈孤獨，他愈要直面內心的悲傷和絕望，因此更加痛苦。我們聆聽鐘聲時很享受，每次聽到都感覺更平靜、專注。然而，對你的朋友來說，鐘聲會讓他感到悲傷，因為他的靈魂受傷了，不像周圍的人一樣完整。」

當時是午齋時間，心滿師弟剛剛完成供佛。我們不得不停止談話，年輕客人對此表示遺憾，所以我邀請他留下來用午齋。他的眼睛亮了。吃午齋的人只有我們三個，之前心滿師弟就已經周到地要四姨多備一盤嫩竹筍。

午飯後，永（直到午飯時我們才知道他的名字）想繼續談話。我們三個人走到山上，在一排松樹下坐著。我向永介紹了心滿師弟。我們一起和永聊天，彷彿我們已認識很久。

他問我們：「你們讀過一靈的《逝去的午後》嗎？」

「是的。既然你提到這本書，說明你一定已經理解了上午我對你說的話。那本書中的女尼因為失戀而出家，她生活在寧靜的環境，聽到鐘聲時卻從未感到放鬆，恰恰相反地，她更加痛苦了，傷得更重。因此，當她離開寺院，與一位男士在一起時，這一點也不讓人驚訝。幸運的是，她只是小說中的人物。我們不希望寺院中有這種人。」

我的話無意之中讓永臉頰漲紅。他轉過身，假裝看向塔的方向，但心滿師弟很快看出他的窘態，試著讓事情變輕鬆，說：「師父們可能晚上才會回來。」

永突然轉身對我們說：「所以我朋友不應該出家？」

我回答：「是的，他真的不應該出家，反而應該試著讓自己走出烏雲密布的陰霾。生命是美好的，但你朋友卻看不見。看看我們，我們享受出家生活，有自己的志向和精神道路，希望能實現理想，唯一要掙脫的是癡情與迷戀的欲望。你的朋友應該從失戀的狀態中走出來，愈快愈好，這樣他內心最深沉、美善的願望才得以顯現。」

心滿師弟笑著問永：「只因被人背叛而出家，你覺得這是個好的動機嗎？」

永輕聲答道：「我們難道不該憐憫他嗎？」

「是的，我們當然感到憐憫。」

「如果我的朋友不想出家了，只是想了解出家生活，心滿法師，這仍是個壞主意嗎？」

「那你要問師兄。」

「當然不。恰恰相反，我們很讚許。如果他願意時不時來寺院學習佛法，參與修行，我們會很高興的。」我回答道。

永喜悅地笑了。「那我一定要帶我的朋友來，他會喜歡你們倆的。」

兩天後，永回來了，但只有他一人，所以他朋友和他是同一個人。他看上去比上次更清新，更年輕。

「謝謝你，法師，」他說，「你把我從黑暗的處境中解放了出來，因為你的話語和存在的方式，我從曾經的悲傷和厭倦中解脫了。那天聽完你的話，我回家後想了很久。我看到自己幾乎淹沒在黑暗之中，但與你相遇後，我得到療癒，現在輕鬆多了。我可以繼續讀書和微笑，也重新發現生活的樂趣。」

「但我不相信你已經痊癒了。」

「是的，但我覺得自己正在恢復。你不知道，過去兩個月我多麼痛苦。」

「但你現在已從幾滴慈悲佛法的甘露中受益。我希望你有機會修習佛法，並發現這條慈悲之路的美麗和深度。」

「我想要更了解佛教。很長的時間中，我有許多錯誤的成見，以為佛教是悲傷和厭世靈魂的棲息之所。我想更深入地學習，但要做到這一點，我必須學習中文。」

我鼓勵他學習中文，並答應幫助他。從那以後，他一週來兩次。休息的時候，我們會去山上玩。我向他講述了佛教的歷史，以及佛教對越南文化的影響。他聽著，著迷於李朝和陳朝佛教的繁榮故事，對於如何重建國家的佛教研究項目，他也有了自己的想法。

他說：「也許有一天我會出家，但現在我要發揮堅強的意志，學習佛法的基礎知識。我希望未來自己有能力為這條道路服務。我很高興看到你們為未來的佛教出家之路帶來了積極種子，僧團必須重展李朝和陳朝的生氣。」

目前，永的中文程度很好。他最近寄給我一篇文章，他翻譯了《智慧音》的評述。他寫道：「我還有一年的大學課程，然後就能將所有時間投入於佛教研習。」誰能想到，只需一滴慈悲的佛法甘露，這位年輕人就重獲新生，過上喜樂的生活。

回歸

師父經常講故事給我們聽，談到寺院的先祖時，他的聲音充滿深深的敬意。一百多年前，一定大和尚創立了祖庭，他是我們的開山祖師。師父講了一個多年流傳下來的故事，故事主人公正是一定禪師。

很久以前，祖師到了陽春山，在寺院陵園附近選了一塊清境地，建了一座隱居處所來修行，也照顧年邁的母親。祖師將隱居處命名為「安養庵」，在這裡他忠實地遵循著佛陀的教導，他的禪定很深，不為任何小事所困。

儘管他是禪師，仍關懷著年邁母親的需要。生活在無佛住世的時代，照顧父母就像照顧佛陀，一樣有福德。有一次，他母親生病了，需要吃些

營養品來幫助恢復。他知道母親過去喜歡吃鮮魚粥，於是去市場為母親買了一條魚。人們看到出家人買魚回家都感到很震驚，但不敢對他說什麼，因為人們知道他是一位高僧，不會做錯事。然而人們無法理解，所以在背後議論他，但他從市場把魚帶回家時，依然從容自若，不受到別人影響。他知道自己在做什麼，不會陷入他人無知的議論中。

第一次聽到這個故事時，我感到喜悅，幾乎流下了眼淚。一定禪師展示了不受教條束縛的自由解放，就像一首詩，固執的人永遠無法接受和理解。後來，安養庵成為一座大寺院。嗣德皇帝對自己的母親非常孝順，將寺院命名為「敕賜慈孝寺」。禪師於一八四七年農曆十月圓寂。

師父也說了海紹祖師的故事，他曾與祖師見面，實在很幸運。海紹祖師是一位著名禪師，祖師的十五個大願刻在他舍利塔前的紀念碑上。他的畫像至今仍在，畫中他有著莊嚴的眉毛，又長又粗，上年紀以後，他的眼瞼低低垂在眼睛上，像兩扇遮著窗戶的百葉簾。想看什麼東西時，他得用手抬起眼皮，要闔上眼睛時再放下眼皮。他很少抬起眼皮，因為對他來說聽覺已經足夠。當有人從遠方來，他會抬起眼皮以看清來人的臉，然後請沙彌給客人倒茶。

一次，名叫福的年輕行者不聽海紹祖師的話。這位行者只有八歲，有點調皮，禪師讓行者找根藤條來打他。福知道師父看不見，所以躺下來等著被打，藤條落下時滾到一邊，這樣藤條就打不到他，而是打在床墊上。

禪師打了兩次，他都設法躲過了。禪師沒有意識到這一點，要行者把藤條收起來，並勸他聽話。

那天晚上，福發燒了。即使吃過藥還是燒了三天。其他人問了才知道，原來他愚蠢地避開師父的藤條。一位沙彌慌張了，穿上僧袍去拜見師父，把事情原委告訴他，並請求師父原諒這個男孩。禪師聽了後說：「是嗎？」接著說：「那你去煮粥給這位行者吃吧。」沙彌按照師父的要求做了，行者福吃完後開始好轉。從那時起，每個人都對禪師的威德敬畏不已。

我去問四姨：「這位禪師如此慈悲，他沒有理由因為孩子的魯莽而用發燒來懲罰他，這說不通。」

「當然不是了，沙彌，」她回答，「禪師並不知道這位行者的魯莽行為，何來懲罰？是行者福冒犯了師父的威德，所以龍天護法才懲罰了他。」

我相信禪師的威德被冒犯了，但不是龍天護法在懲罰他，我認為龍天護法不會那麼不成熟，去懲罰一個八歲的孩子。然而我確實認為，心靈、無意識的力量能導致這件事情的發生。

一個炎熱的下午，成泰帝來寺院拜訪海紹祖師。皇帝在路上停了下來，與侍從離開馬車，走了半公里路，翻過松山來到寺院。那天所有僧眾都

出門了，阿姨們也回到自己的小屋。年輕的行者和沙彌正在後花園工作，沒有發現成泰帝的到訪。

皇帝獨自進了大門，沿著通往齋堂的小路走到荷花池邊。他進了樂義堂，看到裡面空無一人，便悄悄地走向禪師的寮房。禪師正坐在四支桌腳都彎了的木板矮床上參禪，他沒有看到成泰帝。皇帝坐在禪師腳邊，過了一會兒，他輕輕地把手放在禪師的膝蓋上。禪師問：「誰在這兒？」

皇帝回答說：「禪師，朕來看望您。」

禪師微笑，伸出手來握住成泰帝的手，輕聲說：「噢，原來是陛下在此，請坐。我讓行者給您拿些木薯吃。」

下午三點左右，阿姨們通常會為行者和沙彌們煮一鍋木薯和番薯。這種簡單點心是給下午去菜園幹活的人吃的，吃完後去園區工作。阿姨通常會選最軟的番薯送給長者。

皇帝表現出的尊敬值得敬重，禪師面對權貴的態度更值得尊敬。事實上，這個場景最能體現民主：皇帝拜訪僧人，僧人與皇帝共享簡單的點心。禪師以非常樸實的方式將這個故事講給大眾聽，我們聽到的是師父複述的版本。

談到佛教的平等和民主，我和心滿師弟很高興能看到世人如此珍視這些品行，因為這些也是佛教的一部分。事實上，其他傳統不鼓勵人們相信自己的天性和潛力，也不提倡平民與領導者平等。佛陀不是神，他是個完全覺悟的人，有能力為社會中的人們指明道路——基於相即、緣起性空、相緣相生的精神道路。個人決定自己的未來，並為自己的行為負責，無論這些行為是建設性還是破壞性。一個人的幸福取決於自己的行為，這才是真正適合現代社會的民主精神。此外，自由探索的精神是佛教最寶貴的東西，佛教不認同獨斷思想、偏見，和狂熱，人們可以閱讀經典，做出新的精神發現，不用擔心自己被任何力量譴責或驅逐，哪怕是教會。當弟子頂禮高僧，這不是出於對任何規則、條例、權威，或儀式的服從，而是因為對出家人美德的喜愛和尊重。

只要你的發現真的能夠幫助恢復佛教的生機，你可以寫書來解釋自己的發現，甚至創建一個新宗派。即使你的理論與當代現有的理論相衝突，沒有人有權譴責或驅逐你。由於這種寬容，佛教的文哲園地格外豐盛，有成千上萬種不同的芬芳花朵和植物。仔細檢視這個問題時，你會發現最深刻、最真實的發現是佛教的生氣，抽象理論永遠難以在佛教的花園裡扎根。佛教的教義色彩萬千，不同宗派和體系只是同一實相的不同面向，這個實相是佛法的生命之流。

在我們的討論中，滿師弟說：「我不明白，為什麼知識份子不學習如此精深的佛教傳統？大多數人信奉的佛教並沒有完全反映佛教，而是混雜著迷信。師兄，我們可以做些什麼來把佛教帶給知識份子？」

「你知道，在越南的李朝和陳朝，人們修行佛教，大多數知識份子也推崇佛教。佛教在那個時代的貢獻很大，但後來佛教與不同的文化元素融合，例如迷信，因此被人誤解了。」

「寺院可以反映佛教的精神生活，但在接觸寺院時人們很少看到這一點。」

「沒錯，順化有西天和慈孝佛學院，南越有兩川佛學會，北越有北旗佛學會。有一些有心人真誠地試著把佛教帶回到日常生活當中。我們這些僧人也該承擔這個責任。從慈孝佛學院畢業後，我們應該努力把佛教帶給年輕人，未來建立佛教學校和醫院，就像李朝和陳朝那時一樣。」

「我知道這條道路很長，但改革佛教的理想正鼓舞著我。」

我靜靜地聽著他說的話，然後繼續緩慢地說：「若要改革佛教，佛教機構在教規方面需要進行一場革命。訓練出數量足夠的出色學生後，就會有真正的佛教改革。我們別無選擇，只能把佛教帶到日常生活之中。戰爭帶來了災難。分離和仇恨達到了新高。關於死亡、飢餓和關押的痛苦呼聲那麼多，就算不受打擾地住在寺院，內心如何能平靜？」

每次討論未來，我們都深受感動。這條路很美，但荊棘叢生，我們唯一的資源就是希望、善意、出家戒律和威儀方面的書籍、《溈山警策》，和在慈孝佛學院學習的歲月。我們真的能做出點什麼嗎？

新年的鐘聲

我們以為我們是疏散後第一批回家的人，但事實並非如此。到達陽春山時，我們發現半個月前就已經有好幾戶人家回來了。在上山回寺院的路上，草長得很高，幾乎把路遮住了。我們只有六個人，每個人都想盡快回到寺院，我們已離開數月，怎能不渴望回家？心滿師弟在前面領路，他似乎最是迫不及待。平日平靜、沉默的師兄們也不禁流露他們的渴望。

回寺院的旅途很緩慢，我們猶如探險家，把過度生長的植物推到一旁，開闢出道路。我們沒有穿長袍，而是將袍子疊起放在肩上或手裡的袋子。我們已經走了五六天，感覺快要垮掉了，我們的身體疼痛，疲憊不堪，但接近寺院時疲勞頓消。穿過群山環抱的小村莊時，我們雖然感覺到寂靜和恐懼的沉重氣氛，但還是有生活的跡象，這讓我們的心情變得愉快。

「寺院！」滿師弟突然高興地喊道。高大松樹的陰影下出現了寺院的屋頂，就像來自遙遠過去的老朋友突然出現，那情景使我們非常感動。我很擔心四姨，她還活著嗎？是否安全？接到疏散命令時，四姨決定留下照顧寺院，無論我們說什麼也無法阻止她。

「兄弟們，請走吧，」她說。「你們必須活下去，才能對佛教有所貢獻。我會留在這裡照顧寺院，不要試圖改變我的決定。我已經老了，就算出了什麼事也毫無遺憾。」

我們試圖使用權威，但最終不得不讓她留下來。我認真地為她指出聽到槍聲後躲藏的地方，並教她如何藏米和其他食物。做完所有能做的事情，祈求佛陀庇佑四姨的安全之後，我才加入其他僧眾一起啟程。

一踏上寺院的土地，我對她安危的擔心便消失了。我遠遠便看見了四姨的身影，她穿著褪色的棕色長袍，正從泉水裡汲水。心滿師弟叫了她，四姨放下水桶，抬起頭來。看到我們時，四姨向我們跑來，她激動得說不出話來，只是流眼淚。

寺院很多地方都損壞了，屋頂被子彈擊中，寺院的牆壁也被子彈打穿了。不過除了彈孔之外，寺院沒有比其他地方糟糕。我們這些撤離的人都平安歸來了，這是我們最大的喜悅，也是四姨最大的喜悅。

回到寺院時已是農曆臘月廿七。那天晚上，四姨做了飯，我們很久沒有吃一頓像樣的飯了，我們在山裡度過了幾個月，常常沒有東西吃，食物匱乏，每一頓都算不上真正的一餐。我們用鹽水稀釋隨身攜帶的醬油，把本來就不多的米和馬鈴薯混在一起吃，食物的分量有嚴格規定，每餐的三分之一是大米，三分之二是馬鈴薯，所以我們每個人都瘦了。最糟的是，我們沒有床，也沒有草墊，且過度暴露在陽光之下。那晚吃了一頓豐盛的晚飯後，我們都上床睡覺，像木頭一樣睡到第二天早上。

第二天，我們開始打掃，把寺院的每個角落都打掃乾淨，恢復如初。我們決定慶祝農曆新年，鼠年。

那一天我們很高興，就像看到和平使者一般。但當夜幕降臨，戰爭和死亡的氣氛又回來了，四面八方都能聽到槍聲，子彈從我們的屋頂飛過。我們待在屋子裡，房門緊閉，不時從牆壁縫隙中看到照明彈射向天空的亮光，緊接著是一連串的機關槍聲。

我和心滿師弟坐在祖堂，旁邊有一盞微弱的油燈。一想到外面的死亡，每個人都默默為那些不幸的人向佛陀祈禱。時光流淌，夜靜了下來，但這是一種壓抑的寂靜。

從回來的那天起，心滿師弟就沒有叩鐘，因為四姨不允許。她告訴我們，有一天晚上，她爬上樓梯來到鐘樓，請了五、六下鐘，然後聽到樓下有聲音。她立刻跑下去，看到五、六名外國士兵，他們用槍威脅她，警告她不要再請鐘，也許是因為他們怕鐘聲是敵人的暗號，或者不想聽到洪鐘的聲音。從那以後，無論是晚上還是早晨，阿姨都不敢再請鐘了。

「沒有了鐘聲，」四姨輕聲說，「早晨和晚上都顯得空蕩蕩的。」

確實，沒有什麼比聽不到洪鐘的聲音更顯清冷。寺院的氣氛變得陰沉，山巒和森林顯得更遙遠、更荒涼，蟋蟀的聲音聽起來更沙啞、更憂悶。

在寺裡，我們通常早上四點起床，洗完臉和手後，我們會坐在床上聽洪鐘的聲音，修習正念呼吸或持念佛號。現在，清晨沒有鐘聲了，我們感覺少了某種重要的東西，我也無法繼續坐禪。過去的兩、三天內，我們坐在一起，藉此感受溫暖和慰藉，幫助我們忘記沒有洪鐘聲的現實。唱誦也缺少了些什麼，似乎更乏味。在漆黑的夜晚和濃霧瀰漫的清晨，禪堂的磬聲太微弱，沒有驅散山間陰霾的力量。

我們當然不希望在這種沉悶的氣氛中迎來新年。遵照師父們的指示，我們拿出香爐、燭臺，和佛壇上的其他儀式用具，把它們擦得光亮。四姨已開始準備年夜飯了，她把米和綠豆泡在一起做年糕。空閒時，我們幫她切香蕉葉。「我一定能為我們做一鍋年糕。」於是她開始幹活，我們也很高興地幫助她。

後來，臘月廿九，心滿師弟有了一個好主意：「我們可以做一些糖果來慶祝新年。」我問他要用什麼來做糖果，他說：「我們可以用番薯和木薯來做。」我們立刻在寺院菜園收集番薯和木薯。

兩週前，四姨很聰明地將木薯莖切到地面高度，以防小偷像挖馬鈴薯一樣來挖木薯根。從遠處看，那塊木薯地看起來就像一個月前剛種下的新芽，沒有人會認為地下的根已經大到可以收成。

我們請四姨去陽春山腳的臨時小店買黑糖，她也買了一些生薑。最後，我們的糖果只是番薯和一點烤薑的混合物。就只有這些！然而，在物質匱乏的年代，這已是新年時的稀有款待。

得知我們還有足夠的米，可以吃到明年收成，我們感到很安心。疏散之前，六、七名僧人辛苦地將米裝進非常大的容器，並埋在後院。我們相信來年的收成足以滿足需求。

除夕夜，我們所有人聚在房屋中央，師父們、師兄弟們，和四姨圍坐在火堆旁，年糕在鍋裡煮著。外面的夜晚寒冷漆黑，天空中有幾顆星依稀閃爍著，還有零星的槍聲。我們交談著，等待午夜的到來，便可以迎接新年，慶祝彌勒佛佛誕。

那次新年，寺裡只有我們七人。在回來的途中，我們的師父和其他四位師父順道去探訪一座被毀的古廟，尚未回到寺裡。我坐在火爐旁想著師父，他是我們尊敬的長者。疏散那天，他鼓勵我們離開，自己卻想留下來。我們都不想離開，但因為疏散全村居民的命令，我們不能拒絕。我們懇求師父不要獨自留下，如果他堅持留下，我們也會留下，但這便是違抗政府命令。師父最終勉強同意，我們一起離開了。他說：「如果我們播下了災難的種子，無論走到哪裡，都無法避免後果。」

我將永遠記住這些話，直到現在，我才開始看到它所傳達的真理。有無數貧困的家庭留守原地，他們仍然安全；也有無數富裕家庭，他們試圖找到安全之所，卻遭受了破壞和傷害。這些人想要避開危險，卻遇到了危險。就像四姨說的：「這種時候，到處都很危險。只有福報作數，無法仰仗財富或智力。」也許最安全的保護是以愛和慈悲交織而成，並以此生活。福報和好運由個人創造，並非偶然發生。

四姨從鍋裡拿出一大卷熱騰騰的年糕。午夜和新的一年即將到來，我們為儀式做好準備，佛堂充滿供香的芬芳。我站在鐘樓上，眺望四面八方，群山和森林一片漆黑，天空有幾顆星星閃爍著，彷彿隨時都會墜落。望著黑夜，我看不到一盞燈，但在緊鎖的門之後，村民們當然還醒著，準備在迎接新年時向祖先致敬。

心滿師弟悄聲走了過來。「沒有『般若鐘』的新年儀式，我實在難以接受。」

我彷彿剛從夢中驚醒。真的，迎接新年怎能沒有般若鐘的鼓聲呢？每年的新年慶典，寺裡都要請七回鐘鼓，這些鼓聲標誌著放煙火慶祝新年的時刻。煙火照亮夜空，迴盪在山腳的村莊群落。今年沒有人敢放煙火，但這不表示鐘鼓也要保持沉默。我們把目光轉向外面，群山、丘陵，和村莊都被濃濃的黑暗籠罩，新年怎能在如此沉重的恐懼中到來呢？

「我們為何不像往常一樣叩鐘起鼓呢？」我問。

心滿師弟看起來很吃驚：「如果法國士兵開始射擊怎麼辦？」

我考慮過這個問題。但想到新的一年就要如此沉悶地開始，我又重拾了勇氣：「別擔心，他們也知道今天是除夕。開始進行儀式吧，氣氛太沉重了，新的一年怎麼敢過來？師弟，我們去叩鐘擊鼓吧。如果士兵來了，我懂法語，我會解釋的。」看到我的決心，心滿師弟變得更有信心，他走到鼓樓，準備擊鼓。

噹……噹……洪鐘的聲音輕柔地響起，隨著鼓聲的節奏，鐘聲愈來愈響。接著是雷鳴般的有力鼓聲，宣告著鐘聲的美妙回音。七回鐘鼓聲震動了黑夜，慶祝新年的到來。伴隨著鐘鼓聲，可以聽到佛堂僧眾和諧的誦經聲，和持續不斷的木魚聲。

心滿師弟把手放在我的肩膀上，指著黑夜：「看，師兄！」村民們迎接新年，四面八方的燈光閃爍著，每扇門似乎都敞開了。山巒失去了原始的野性，顯得更溫柔。洪鐘的聲音莊嚴又溫暖，驅除了恐懼的陰霾，讓黑暗消散。在這個地區，每個人都感覺春天又回到了動亂的土地。

洪鐘繼續迴盪，其有力的聲音響徹四方，充滿溫暖和鼓舞。我們倆走進佛堂，跪在佛壇前，與僧團一起全心全意地為人民和國家祈禱來年的安樂。

師父的僧袍

有些東西永遠不會變舊、變難看。我有一件破舊褪色的棕色僧袍，比起其他僧袍，我對它最為珍視。我的朋友們戲稱它為「三十七劫苦行僧袍」，但我一點也不覺得它破舊或難看。在慈孝寺學習佛法的這些年，我帶著極大的感恩穿這件僧袍。當我準備真誠發願，走上解脫之道時，師父把它交給了我。現在，這件僧袍舊得不能再穿，對我來說卻是沙彌歲月的珍貴回憶。

當我請求進入寺院成為行者，那時僧團大約有二十個人。在他們之中，大多數人已修行多年，行者只有我們三位。

心滿師弟比我晚一年才加入，行者一共是四個人，我們一起學習和工

作。因為修行的時間最短，我們的工作比較艱辛。第一年，我們學習沙彌的日常修習和戒律；第二年，我們學習戒律詮釋和寺院常誦讀的佛經；到了第三年，四人之中我和心滿師弟的學業表現已經很出色，有望成為第一批受沙彌戒的人，受沙彌戒後便是正式出家。我們等著這一刻，彷彿在等待某種巨大的成功。對我來說，我如此渴望這一刻，甚至超越了研學多年的學者對考試結果的渴望。

這一刻終於到來。一天晚上，我把木頭搬回寺裡，心滿師弟告訴我這個好消息。我的師父，也就是僧團的上座，將正式為我傳授沙彌戒，然後把我送到慈孝佛學院讀書。只有我一人，因為我是唯一年齡合適，且有能力學習的人。心滿師弟比我小兩歲，尚未到達正式的受戒年齡。

我的歡喜中洋溢著青春，突然間，我感覺自己更成熟、更重要了，心滿師弟真誠地和我分享喜悅。佛學院的開學典禮臨近，我和滿師弟討論我們需要做的事情。至於受戒儀式，師父們會負責，我只需複習沙彌的四卷小律。我們決定我應該給家裡寫封信，向家人要一點錢，這樣四姨就可以在檳御買些沉香、花，和水果，在我受戒的那天供佛。除了糯米和豆子，在出家生活中最值得紀念的日子裡，我們也請四姨為僧團做甜米糕。然而，由於我家離得很遠，這封信是否能準時寄到仍然未知。我們向四姨表達了關切，她露出友善的微笑：「你們把信寄出就好，如果錢不能及時送到，我會用膳食費給你們買這些東西，你之後再還。」

我的受戒儀式安排在第二天清晨四點。那天晚課，念完淨土經後，我看

見師父坐在寮房的蒲團墊上，身旁有支燈火搖曳的蠟燭，一摞舊經書高高地放在旁邊的桌上。他正小心翼翼地修補一件棕色舊僧袍的破洞，儘管師父年事已高，他仍有著清晰的視力和挺拔的身姿。我和心滿師弟在門口駐足觀看，師父慢慢將針穿過布，看起來就像一位正在禪定的菩薩。

過了一會兒，我們進入房間，師父抬頭看到我們，點了點頭後低下頭繼續縫紉。心滿師弟說：「師父，請您去休息吧，已經很晚了。」

師父沒有抬頭。「等我把這件袍子縫好，明天早上光*就可以穿上了。」

* 一行禪師的法名是「澄光」。

於是我明白了師父為什麼下午都在整理他那堆舊僧袍。他想找一件狀態最好的僧袍來修補，讓我穿得體面一些。明天，我將第一次穿上棕色僧袍，因為在過去的三年裡我們只能穿灰袍。一旦受戒成為沙彌，我就能穿上珍貴的僧袍，小律中稱之為「解脫服」。

我用顫抖的聲音說：「師父，我們請四姨來做剩下的針線活吧。」

「不，我想親手給你縫。」他輕聲答道。

一陣沉默。

我們順從地站在一旁，雙手交叉垂在身前，不敢再說話。過了一會兒，師父並沒有抬頭，他說：「你們聽說過佛經上的一篇故事嗎？就是佛住世時，一位偉大弟子藉由縫紉僧袍而開悟的故事？」

他繼續說：「我來說給你們聽。這位弟子經常能在修補僧袍時找到安樂，他修補自己的僧袍，也修補其他師兄弟的僧袍。每當他把針穿過織物，都會產生具有解脫力量的善念。一天，針穿過織物時，他徹底領悟了一個微妙甚深的教法，連續縫了六針，就獲得了六種神通。」

我轉頭深情而尊敬地望著師父。我的師父也許沒有獲得六種神通，但他的風度和威儀展現了解脫與自在，誰知道我們要多久才能達到這境界。

僧袍最終補好了。師父示意我走近些，讓我試穿。僧袍對我來說有點大，但我依然覺得快樂，甚至感動得掉下眼淚。我深受觸動，在修行的路上，我得到了最神聖的愛，這種純粹的愛滋養著我，溫柔而寬廣，使我多年的訓練和修行志向變得芬芳。

師父把僧袍遞給我。我接受它，知道它是巨大的鼓勵，賦予了溫柔而審慎的愛。那一刻，師父的話語也許是我聽過最溫柔甜美的聲音：「孩子，我自己縫好的，明天你就能穿了。」

如此簡單，但聽到這些話語時，我深深地感動。雖然當時我的身體沒有跪在佛前，嘴巴也沒有說出救度眾生的大願，但我的心帶著全然的真

誠，發了深廣的大願：過上服務眾生的生活。心滿師弟望著我，帶著滿滿的愛意和尊敬，那一刻，宇宙於我們而言是一個芬芳的花之宇宙。

那天以後，我擁有過很多新的僧袍，新的棕色長袍往往被我關注一段時間，隨後就被遺忘了。但這件破舊的棕色僧袍卻永保神聖，以前每當我穿著這件僧袍，就會想起我的師父。今天，袍子已經破了，無法再穿，但我仍然保存著它，沉思時就可以回顧過去的美好。

人性

「師兄，你有一封信，我把它放在你桌上了。」

「心滿師弟，信是從哪兒來的？」

「可能是法國。我沒有仔細看，只記得它有一張不同尋常的郵票。」

我以為是清涼寄來的信，高興極了。但事實並非如此，而是《佛教思想》（*La Pensee Bouddhique*）雜誌的訂購回信。兩年多來，我沒有聽到清涼的任何消息，也不知道給他的信要寄到哪裡。我從未停止想念他，我深愛這位年輕的外國朋友。是的，他是位年輕的法國人。清涼是我給他取的法名，他的真名是丹尼爾·馬蒂（Daniel Marty）。

一九四七年，因為緣份，我們在我心愛的慈孝寺附近相遇。師父把我送到慈孝佛學院讀書，我每個月都會回祖庭一次。雖然只需穿過南交，再翻越兩座松樹環繞的小山，就可以到達寺院，但這條路非常危險。法軍占領了整個南交地區，並在那裡建立了軍事基地，雖然僧侶或沙彌偶爾會走這一區的偏僻小路，但其他人大多不敢穿越這一區，尤其是順化市的居民，因為他們剛從疏散區回來。儘管慈孝寺在火車站附近，但幾乎沒有人會冒著風險去那裡，這便說明了問題。

住在高山上的人們會建立小堡壘來保護自己。法越士兵曾多次交火，有些夜晚，村民們把自己關在家裡，躲避槍林彈雨。第二天早上，當他們醒來，會在南交附近發現前一晚交戰後的屍體，路上還有混著血跡的白色標語。正是在這動蕩的日子，我和清涼相遇了。我是一名越南學僧，而他是一位年輕的法國士兵。

一天早晨，誦戒之後，整個僧團聚在一起回顧前兩週的戒律修行，然後我啟程回祖庭。時間尚早，露珠仍掛在草尖。我的布袋裝著袈裟和一些佛經，手裡拿著錐形草帽。一想到要回到那古老而受人尊敬的祖庭去見我的師父和心滿師弟，我就覺得輕鬆愉快。

剛翻過一座小山，就聽到一道喊叫聲，我看見一名法國士兵在馬路上方的小山上揮手。我以為他在取笑我這個僧人，所以轉過身繼續向前走。但我突然覺得他不是在對我開玩笑。我聽到身後傳來士兵靴子的噹啷

聲，有人朝我跑來，也許他想搜查我，可能在他看來我背的布袋很可疑。我停下來等待，一位長相英俊又聰明的年輕士兵向我走來。

「你去哪兒？」他問道。聽到他糟糕的「đi đâu」發音，我猜他可能只知道幾個越南單字。

我笑著用法語問他：「如果我用越南語回答，你能理解嗎？」

發現我會說法語，他臉上露出了笑容。他說自己並沒有搜查的意圖，只是想問我一些事情。我問他是什麼事情，他回答：「我想知道你來自哪座寺院。」

「我來自慈孝寺。」我答道。

「慈孝寺？是火車站附近山上的那座大寺院嗎？」

「正是。」我說。

他指著山坡上的一間水泵房說：「如果你不忙的話，請跟我去那兒，我們可以聊一聊。」我們在水泵房附近坐下來，他告訴我十天前他和五名士兵去慈孝寺的事情。晚上十點，他們去搜查據說在寺院聚集的越南反抗者。

「我們下定決心要找到反抗者。我們帶著槍，收到的命令是逮捕他們，必要時甚至可以開槍，但進入寺院時，我們徹底被震撼了。」

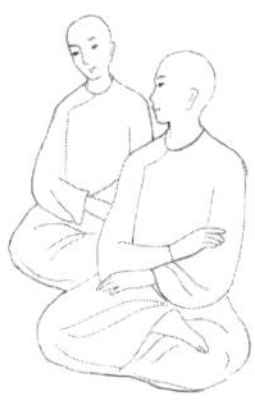

「因為有很多反抗者？」

「不！不！」他喊道，「如果看到了反抗者，我們不會感到震驚，不管反抗者有多少人，我們都會進攻。」

聽起來很奇怪。「那是什麼讓你感到震驚？」

「這次發生的事情太出乎意料。過去，不論我們在哪裡搜查，人們要麼逃跑，要麼陷入恐慌。」

「這是因為人們被恐嚇了太多次，所以他們會在恐懼中逃跑。」我說。

「我沒有恐嚇或威脅別人的習慣，」他回答說，「也許是因為之前的人傷害了他們，他們才如此害怕。」

「當我們進入寺院，」他繼續說，「就像進入一個廢棄之地。油燈調得很微弱，四周一片寂靜。我們故意重重踩在沙礫上，但沒有其他聲響。我感覺寺院裡有很多人，但除了附近時鐘的滴答聲，周圍非常安靜。一位夥伴的叫喊聲讓我不安，因為沒有人應答。我用手電筒照向空空的房間，眼前出現了五六十位靜坐僧侶的莊嚴景象。」

「那是因為你們在我們坐禪的時間到達。」我點頭說道。

「是的，我們好像遇到了一種看不見的奇怪力量，」他說。「我們嚇壞了，轉身離開了寺院。僧侶根本不理會我們！他們沒有提高聲音回應，也沒有表現出任何恐慌或恐懼。」

「他們不是無視你，只是很平靜，修習時把注意力集中在呼吸上，僅此而已。」

「我們也被他們的平靜吸引，這值得我們尊重。我們靜靜地站在寺院的院子，在一棵大樹下等了大約半小時。一連串的鐘聲響起，寺院又恢復了正常活動。一名僧人點燃火把，邀請我們進去，但我們只是向他交代了我們在那裡的原因，然後就離開了。從那天起，我對越南人民的看法開始改變。」

「在他們之中，有很多和我們年齡相仿的年輕人，」他開口說。「我們很想家，很想念家人和故鄉。我們被派到這裡來殺死越盟*，但我們不

*
越南獨立同盟會，簡稱越盟。成立於一九四一年，目的是帶領越南脫離法國的殖民統治，以及抵抗日軍。

知道自己會殺死他們，還是會被他們殺死，永遠無法回到家人身邊。看到這裡的人們如此努力地重建支離破碎的生活，我想起了在法國的親人，以及他們破碎的生活。那些越南僧人的生活平靜安詳，這讓我想到了地球上所有人的生活。我在想我們為什麼來到這裡？是什麼仇恨讓我們千里迢迢跑來這裡和他們戰鬥？」

我深受感動，握著年輕士兵的手。我給他講了一個故事，故事主人公是我的一位老朋友，他參加了對抗法軍的戰鬥，並贏了很多戰役。一天，我朋友來到寺院，他擁抱我時放聲大哭，他告訴我，某次進攻堡壘時，他躲在岩石後面，看到兩位年輕的法國士兵坐在一起聊天。他說：「當我看到那些年輕男孩明亮、英俊，又無辜的面孔，我無法開槍，親愛的

法師。人們會給我貼上軟弱無能的標籤，他們會說：『如果所有越南戰士都像我一樣，過不了多久，整個國家就會被占領。』可是，噢，母親，有那麼一刻，我如此愛敵人，就像我的母親愛著我一般！我知道，如果這兩位年輕人死去，他們在法國的母親會受苦，正如我母親因為我弟弟的死而悲痛。」

「所以你看，」我說，「這位年輕越南士兵的心中充滿了對人類的愛。」

年輕的法國士兵一度陷入沉思。他也許和我一樣，意識到殺戮的荒謬和戰爭的災難，許多年輕人正以不公義、令人心碎的方式死去。

太陽已高高掛在天空，我該走了。臨走前，他告訴我他叫丹尼爾・馬蒂，二十一歲，來越南之前才剛從高中畢業。他給我看了母親和弟妹的照片。我們懷著相互理解的心情道別，他答應星期天去寺院看我。

從那時起，我們的友誼不斷加深。我和他談佛法，借給他幾本里斯・大衛（Rhys David）、尼爾（Neel）、拉瓦雷・普桑（La Vallee Poussin）寫的佛法書。他被佛法吸引，想過著佛門弟子的生活。我帶他去佛堂禮佛，給他取了個法名「清涼」（Thanh Luong）。我向他解釋這個名字的含意是「清淨、清明、清涼的生活」，他聽完非常高興。我教他越南語，幾個月後，他已能和心滿師弟進行一些交談了。

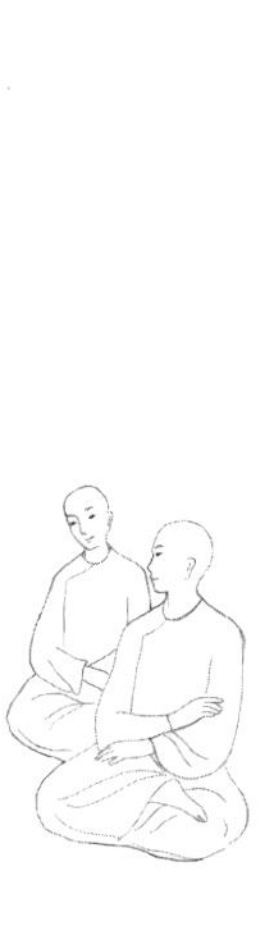

我們變得很親近。他說自己不再像以前一樣做突擊搜查；如果有家人的來信，他會拿給我看；每次看到我，他都會像佛弟子一樣合掌問候。

有一天，滿師弟建議我，可以邀請這位朋友來寺裡吃一頓素齋，清涼愉快地接受了邀請。我們的法國朋友高度讚揚了美味的黑橄欖和我們做的可口菜肴，他覺得滿師弟準備的香菇粥太美味了，不敢相信這是道素菜，我得向他詳細解釋這道菜的做法，他才相信這真的是素食。

曾幾何時，我們坐在塔邊探討教理和文學。我讚美法國文學時，清涼的眼睛裡閃爍著對自己民族和文化的自豪；我為他概述了一段簡短的越南文學史，從古代講到現今。我們的友誼愈來愈深厚，然後有一天他來拜訪，他說部隊將搬往另一個區域，也很可能回去法國。我們滿懷惆悵地告別。

「我永遠也不會忘記你溫雅的臉龐，法師，」他說。「佛法使你的精神平靜溫和，清淨又慈悲。我不知道是否還能再見到你。」

我陪他走到慈孝寺三度拱門下，看著他的眼睛說：「無論你身在何處，只要心裡有佛法，我便永遠與你同在，佛法讓我們連結在一起，相互了解和喜歡。我確信你的心永遠是光明健康的，因為你內在有佛，作為佛陀的孩子，我們永遠親近。」

「我會寫信給你，法師。」

「如果收到你的來信，我會很高興。」

一個月後，我收到他的信，告訴我他將回到法國，然後要去阿爾及利亞。他答應在那裡會寫信給我。

從那以後，我再也沒有收到他的來信。誰知道佛陀的孩子清涼現在在哪裡？是否安全？但我相信，不管處於何種境況，他都是平靜的。他心懷眾生的生命，像我的越南朋友一樣，也看到了戰爭的無意義和毀滅性。

這麼多年輕英俊的男子被扔進了死亡的苦痛！這麼多條無辜的性命被扔進熊熊燃燒的死亡之火，他們尚未品嘗生命的美好，便如蜉蝣般離開人世。為了什麼？有人知道嗎？流血和傷亡何時才會結束？母親們焦急地等待孩子回家，她們的期盼會有盡頭嗎？我要向年輕的越南朋友、法國的年輕人，乃至全世界的青年提出這個問題！你們尚未經歷生活，依舊天真，不該被迫陷入戰爭的無謂傷亡之中！

日落時分，鐘聲響起。

丹尼爾！清涼！你能在海洋彼岸的某處聽到寺院鐘聲的回音嗎？慈悲甘露啊，祈求你迅速撲滅人類暴力的烈焰！

國家圖書館出版品預行編目資料

師父的僧袍 : 一行禪師的正念修習感悟 / 一行禪師著 ; 劉珍譯 . -- 初版 . -- 新北市 : 自由之丘文創事業出版 : 遠足文化事業股份有限公司發行 , 2022.01

面 ;　公分

1. 佛教修持　2. 生活指導

225.87　　110019216

師父的僧袍：一行禪師的正念修習感悟

作者　一行禪師（Thich Nhat Hanh）
譯者　劉珍

總編輯　張瑩瑩
副主編　王智群
責任編輯　陳瑞瑤
行銷經理　林麗紅
行銷企劃　蔡逸萱、李映柔
封面設計　江孟達工作室
內頁排版　藍天圖物宣字社

出版　自由之丘文創事業／遠足文化事業股份有限公司
發行　遠足文化事業股份有限公司
地址：231 新北市新店區民權路 108-2 號 9 樓
電話：（02）2218-1417　傳真：（02）8667-1065
電子信箱：service@bookrep.com.tw
網址：www.bookrep.com.tw
郵撥帳號：19504465　遠足文化事業股份有限公司
客服專線：0800-221-029

自由之丘官方網頁　自由之丘讀者回函

讀書共和國出版集團
社長　郭重興
發行人兼出版總監　曾大福
業務平臺總經理　李雪麗
業務平臺副總經理　李復民
實體通路組　林詩富、陳志峰、郭文弘、吳眉姍、王文賓
網路暨海外通路組　張鑫峰、林裴瑤、范光杰
特販通路組　陳綺瑩、郭文龍
電子商務組　黃詩芸、李冠穎、林雅卿、高崇哲
專案企劃組　蔡孟庭、盤惟心
閱讀社群組　黃志堅、羅文浩、盧煒婷
版權部　黃知涵
印務部　江域平、黃禮賢、林文義、李孟儒

法律顧問　華洋法律事務所　蘇文生律師
印製　博客斯彩藝有限公司

初版　2022 年 2 月

歡迎團體訂購，另有優惠價，
請洽業務部（02）2218-1417 分機 1124、1135

ISBN 978-986-065-058-7（平裝）
ISBN 978-986-065-056-3（EPUB）
ISBN 978-986-065-054-9（PDF）

MY MASTER'S ROBE